思いっきり笑える！
シニアの足腰を強くする
転ばない体操40

付・ペットボトル体操 10

楽しい体操インストラクター
斎藤道雄 著

黎明書房

はじめに

思いっきり笑って足腰を強くしましょう！

転倒
↓
骨折
↓
入院
↓
寝たきり

介護現場でよくありがちなケースです。
しかも，感染予防対策のため活動の自粛。

外出は週に1回，1時間。

行事やレクリエーション活動は中止。

これは，ある介護現場の現状です。

いくら国の感染対策が緩和されたとはいえ，介護現場ではいまだに自粛が続いています。

となれば，心配なのがさらなる運動不足。

ということで，この本は，楽しく体を動かして，足腰を強くして，転ばないための体操の本です。「I　つまずかない転ばない体操」と「II　思いっきり笑えるストレッチ体操」に分けて40の体操を紹介しました。

詳しく説明します。

この本は，
① デイサービスや特別養護老人ホームや，
② 運動不足で心身機能が低下しがちなシニアと支援者が，
③ いっしょに楽しんで体を動かして，
④ 足腰を強くして，転ばないための体操の本です。
⑤ おうちで，おひとりさまのシニアにもおススメします。

「楽しくなければ体操じゃない」

これがボクのモットーです。

介護現場で体操するのに，つまらなければ人は集まりません。
それどころか，参加すらしてもらえません。
「健康のために体操する」
のではなく，
「楽しいから体操する」
これが，介護現場の実際です。

ある介護現場では，ボクのする体操が，参加率ナンバーワンでした。
（ここでは，全部で 15 種類のレクリエーション活動があります）

参加する理由は，もちろん「楽しいから」です。

どうしたら楽しく体操できるの？

それは，この本を読めば，わかります。
この本には，楽しんで体操ができるように，ボクの「笑いのテクニック」
をつけました。
どうぞ，この本を読んで，思いっきり笑って，楽しく体操してください。

この本の 10 の特長

1 **足腰を強くする**
下半身の体操を多くすることで，足腰を鍛えます。

2 **体操が楽しくなる**
楽しさを最優先した体操です。

3 **準備なしでできる**
道具，準備一切不要です。※「ペットボトル体操」を除く。

4 **座っても（立っても）できる**
心身レベルに合わせて，立っても座っても，どちらでも体操が出来ます。

5 **3行ですぐにわかる**
体操の説明は，たったの3行だけ。簡潔でわかりやすい説明です。

6 **かんたんにできる**
腕を曲げ伸ばししたり，足ぶみしたりするような，シニアにもかんたんにできる動作です。

7 **レクや体操に役立つ**
デイサービスや介護施設のレクや体操に超おススメです！

8 **要介護シニアにもできる**
自立から要介護レベルのシニアまで，かんたんに楽しんでできる体操です。

9 **ひとりからでもできる**
シニアおひとりさまにも活用できます。

10 **笑いのテクニックがある**
楽しんで体操をしていただくために各体操に「笑いのテクニック」があります。

この本の使い方

① はじめにおススメの体操をしましょう！
↓

② ほかの体操にもトライしましょう！
↓

③ お気に入りの体操があれば，おススメの体操と入れ替えましょう！

朝の おススメ体操	**1** ヒップアップ体操 ↓ **9** ページ	左右交互に 2回ずつ
昼の おススメ体操	**15** 足指尺取虫 ↓ **23** ページ	4回繰り返す
夜の おススメ体操	**17** 内に外に ↓ **25** ページ	4回繰り返す

も く じ

I つまずかない転ばない体操

Ⅱ　思いっきり笑えるストレッチ体操

付　ペットボトル体操10

① ヒップアップ体操

両腕を横に伸ばして，片方のお尻を上げましょう！

ねらい
とききめ　　（ 股関節の可動域維持 ）（ バランス力アップ ）

楽しみかた

① 両腕を横に伸ばして，手のひらを下にします。

② ゆっくりと片方のお尻を上げます。

③ ゆっくりと元に戻して反対側も同様にします。（左右交互に2回ずつ）

左右交互に
2回ずつ

みちお先生のケアポイント

・なるべく顔の位置を動かさないようにすると運動効果がアップします。

笑いのテクニック

・①のときに口を横にひらいて，②のときに鼻の下を伸ばす。表情を変えながらすると楽しいです！

② つま先トントン

リズムに合わせてつま先を上下しましょう！

■ ねらい
と ききめ ⬭ リズム体感 ⬭ 足首の柔軟性維持

楽しみかた

① 「トントン……」と足でリズムをとるように，右足のつま先とかかとを
交互に8回上下します。同様にして，左足のつま先とかかとを8回上下し
ます。

② （①と同様に）左右交互に，4回，2回，1回とします。

③ 最後は拍手を1回して終わります。

みちお先生のケアポイント

・支援者は声を出してカウントしたり，手をたたいたりしてリズムをとる
といいです！

笑いのテクニック

・支援者とシニアがいっしょにして，最後の拍手のタイミングが合うと達
成感が得られます！

③ あっちひらいてホイ

あっち向いてホイをする感覚で片足をひらきましょう！

ねらい
とききめ
| 反応力アップ | 股関節の柔軟性維持 |

楽しみかた

① シニアと支援者は向かい合わせになります。

② 足を閉じて両手をひざの上に置きます。

③ 支援者は左右どちらかの足をひらいて，シニアは反対側の足をひらきます。同じ側の足を出さないでできたら大成功です！

みちお先生のケアポイント

・はじめは同じ側の足をひらいて練習をしたあとに，反対側の足を出すようにしましょう！

笑いのテクニック

・間違えても笑って，成功したら拍手をしましょう！

④ パンチ＆キック

左右交互にパンチをしたあとに，キックをしましょう！

ねらい
とききめ ◯ バランス力アップ ◯ 足腰強化

楽しみかた

① 左右交互にパンチを1回ずつします。
② 片足でキックをします。
③ 蹴る足を替えて同様にします。

左右交互に
1回ずつ

みちお先生のケアポイント

・急がずに，ひとつずつ，ゆっくりとていねいに動作しましょう！

笑いのテクニック
・シニアがパンチを繰り出したら，支援者は打たれたリアクションを入れると盛り上がります！

⑤　ひらいて歩こう

足をひらいて，ひらいたそのままの状態で足ぶみをしましょう！

**ねらい\
とききめ**　　（股関節の柔軟性維持）　（脚力アップ）

楽しみかた

①　足を肩幅よりも広くひらいて，両手をひざに置きます。

②　そのままの状態で足ぶみを8歩します。

③　一休みして，4回繰り返します。

足ぶみを\
8歩

4回\
繰り返す

みちお先生のケアポイント

・むずかしいときは，足幅を狭くしてもオッケーです！

笑いのテクニック

・両手をチョキにして，いきなりカニ歩きのマネをしちゃいましょう！

⑥ 助走からのジャンプ

助走してから両足で踏み切ってジャンプする動作をしましょう！

ねらい とききめ	ふくらはぎ強化	肩の柔軟性維持

楽しみかた

① 足ぶみを３歩します。

② 両腕を振り上げながら，両足のかかとを上げて，ジャンプのマネをしましょう！

③ 一休みして，４回繰り返します。

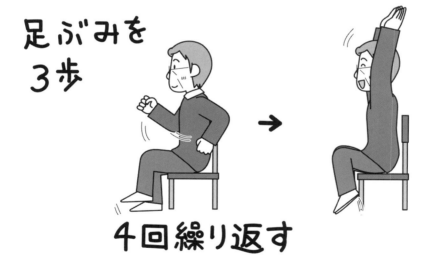

足ぶみを
３歩

→

４回繰り返す

みちお先生のケアポイント

・「１・２・３・ジャンプ」のリズムで，どうぞ！

笑いのテクニック

・②のあとに，アタック（ボールを打つマネ）もしてみましょう！

❼ ものマネかけっこ

かけっこをするようにかかとを上げ下げしましょう！

ねらい
と**ききめ**　　(敏捷性アップ)　(ふくらはぎ強化)

楽しみかた

① 　足を腰幅にひらいて，両手を軽く握ります。

② 　かけあしするつもりで，腕を前後に振って，左右交互にかかとをできる
だけ早く上げ下げしましょう！

③ 　10秒間して一休みします。（2回繰り返し）

2回繰り返す

みちお先生のケアポイント

・支援者は，シニアの体力レベルに合わせて，時間を調整しましょう！

笑いのテクニック

・最後に，一番でゴールしたときのよろこびを表現してみましょう！

⑧ ハイ＆スロー

ひざを高く上げて，ゆっくりと足ぶみをしましょう！

ねらい
とききめ　　（ 股関節の柔軟性維持 ）（ バランス力アップ ）

楽しみかた

① 　足ぶみを８歩します。
② 　なるべくひざを高く上げて，ゆっくりと動作しましょう！
③ 　８歩して一休みします。（４回繰り返し）

足ぶみを
８歩

４回
繰り返す

みちお先生のケアポイント

・あわてずに，ゆっくりとていねいに動作しましょう！

笑いのテクニック
・「水中を歩いている」ようなものマネをすると笑えます！

❾ まねっこシコふみ

支援者のマネをしながら，シニアはシコを踏みましょう！

| ねらい
とききめ | 脚力アップ |

楽しみかた

①　支援者はシニアと向かい合わせになります。

②　支援者はシコを踏むようにして，左右どちらかの足を上げて下ろします。

③　シニアは支援者のマネをします。支援者は左右の足をランダムに変えながらシコを踏み，シニアが間違えずにできたら大成功です！

みちお先生のケアポイント

・支援者は，シニアの体力レベルに応じて，足を上げる高さを変えましょう！

笑いのテクニック

・左右交互でするよりも，右足のあとにまた右足にしたり，不規則な動作にすると，間違いを誘って楽しくできます！

⑩ ひらいちゃダメよ〜

支援者がつまさきをひらいたら，反対にシニアはつまさきを閉じましょう！

ねらい
とききめ　股関節の柔軟性維持　反応力アップ

楽しみかた

① 足を閉じて，両手をひざに置きます。
② 支援者がつまさきをひらいたらシニアは閉じる。支援者がつまさきを閉じたらシニアはひらきます。
③ シニアは支援者の動作につられずにできたら，大成功です！

みちお先生のケアポイント

・はじめは同じ動作をマネして，慣れてきたら反対の動作にしましょう！

笑いのテクニック

・支援者が，ひらく→閉じる→ひらく→閉じない（閉じると見せかけてひらく）ように動作をすると，シニアが思わず間違えて大笑いになります。

⑪ まねっこボーリング

ストライクをイメージしてボーリングのマネをしましょう！

┃ *ねらい*
┃ *とききめ*　（ 肩の柔軟性維持 ）（ イメージ力アップ ）

楽しみかた

① 　足を閉じて，背筋をまっすぐに伸ばします。

② 　５歩足ぶみをして，上半身を大きく使ってボーリングの玉を転がすマネをしましょう！

③ 　ストライクの感じで，ガッツポーズをして終わります！

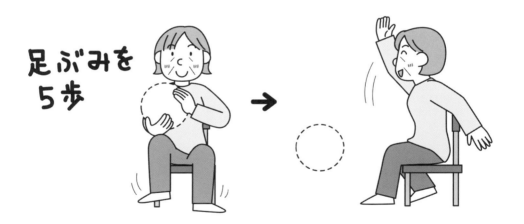

足ぶみを５歩

みちお先生のケアポイント

・右利きの人は，左足から足ぶみすると動作がスムーズです。（左利きの人は右足から）

笑いのテクニック

・指に息を吹きかけたり，玉を持って静止（集中）したり，ほかの動作も盛り込むと楽しいです！

19

⑫ 手足ひらいて

グーグーパーをして，手足を同時にひらきましょう！

ねらい
とききめ （ リズム体感 ）（ 足腰強化 ）

楽しみかた

① 足を閉じて，両手でグーグーパーをします。
② パーのときに，両足をひらきましょう！
③ ４回繰り返します。

４回繰り返す

みちお先生のケアポイント

・両足をひらくのがむずかしいときは，つまさきをひらくだけでもオッケーです！

笑いのテクニック
・パーのところは，大きく口をあけて，ニッコリ笑って，どうぞ！

⑬ 足ぶみジャンケン

ジャンケンをして負けたら指の数だけ足ぶみしましょう！

ねらい
とききめ　〔 手先の器用さ維持 〕

楽しみかた

① 　シニアと支援者でジャンケンをします。

② 　グーで負けたら1歩，チョキで負けたら2歩，パーで負けたら5歩足
ぶみをします。

③ 　先に10歩足ぶみした方を負けとします。リセットして繰り返します。

1歩
2歩
5歩

みちお先生のケアポイント

・むずかしいときは，「負けた人が10歩足ぶみする」でもオッケーです！

笑いのテクニック

・勝った人は，手をたたきながら声を出して歩数をかぞえると盛り上がり
ます！

⑭ 後ろ歩き

後ろに歩くように足ぶみしましょう！

ねらい
とききめ　〔 足の器用さ維持 〕

楽しみかた

① ひざの下にかかとがくるように座ります。
② 右足を後ろに１歩，左足を後ろに１歩後退します。
③ 右足を前に戻して，左足も同じく戻します。（４回繰り返し）

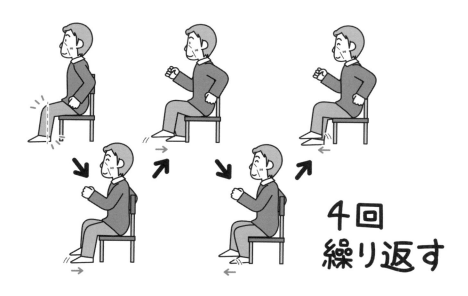

４回
繰り返す

みちお先生のケアポイント

・支援者が手拍子をすると，シニアのリズム感がよくなります。

笑いのテクニック
・見本を見せるときに，わざとズッコケると笑いになります！

⑮ 足指尺取虫

足指だけを動かして前進しましょう！

┃ ねらい
　と ききめ　　（ 足指の器用さ維持 ）

楽しみかた

① 　くつを脱いでします。
② 　ひざの真下にかかとがくるようにします。
③ 　足指だけを動かして前進します。（４回繰り返し）

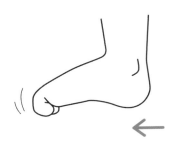

４回繰り返す

みちお先生のケアポイント

・足の指先に意識を集中してしましょう！

笑いのテクニック
・足ぶみなど，わざと違うことをすると笑いになります！

⑯ 足組んで

足を組んで，背筋を伸ばして，深呼吸しましょう！

ねらい と ききめ （姿勢保持）（バランス力アップ）

楽しみかた

① 椅子に浅く腰かけて，足組みをします。
② 胸の前で合掌して，背筋をまっすぐに伸ばします。
③ 深呼吸をして一休みします。足を組み替えて同様にします。（左右交互に2回ずつ）

足を
組み替えて
同様に

左右交互に
2回ずつ

みちお先生のケアポイント

・足を組むのがむずかしいときは，足を閉じてしてもオッケーです！

笑いのテクニック
・最後は，元気に明るく一本締めをして終わります！

⑰ 内に外に

足をひらいて，つまさきを外にひらいたり，内に閉じたりしましょう！

ねらい
とききめ　　（ 股関節の柔軟性維持 ）

楽しみかた

① 　足を肩幅にひらいて，両手をひざに置きます。

② 　両足のつまさきをできる限り外側に向けます。

③ 　元に戻して，両足のつまさきをできる限り内側に向けます。（4回繰り返し）

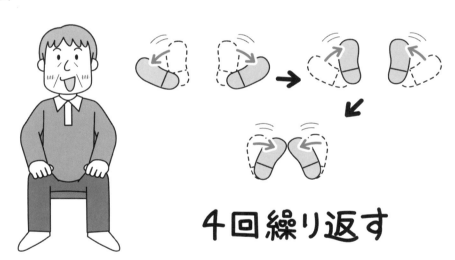

4回繰り返す

みちお先生のケアポイント

・②は，かかとをつけたままで，つまさきを左右に動かすイメージでしましょう！

笑いのテクニック
・最後は，人差し指をほっぺたにつけて，ニッコリと笑いましょう！

⑱ 大きな木のポーズ

足裏全体をしっかりと床につけて体全体を伸ばしましょう！

ねらい
とききめ　　(　全身のストレッチ　)　(　姿勢保持　)

楽しみかた

①　両腕を上に伸ばして，頭の上で合掌します。
②　足裏全体をしっかりと床につけて体全体を伸ばします。
③　一休みして，４回繰り返します。

４回
繰り返す

みちお先生のケアポイント

・肩や腕の力を抜いて，リラックスしてしましょう！

笑いのテクニック
・最後に，おもいっきりスッキリした表情で終わりましょう！

⑲ 前後開脚

片足を前に反対足を後ろにして，足を前後にひらきましょう！

ねらい
とききめ　（股関節の柔軟性維持）（バランス力アップ）

楽しみかた

① 片足を1歩前に出して，反対の足を1歩後ろに引きます。

② 左右の足を替えて同様にします。

③ 一休みして，4回繰り返します。

左右の足を
替えて
同様に

4回
繰り返す

みちお先生のケアポイント

・足をひらいてするとかんたんに，閉じてするとむずかしくなります。体力レベルに合わせて，どうぞ！

笑いのテクニック

・支援者は，最後に，わざとズッコケるマネをすると，おもしろいです！

⑳ 踏んだり蹴ったり笑ったり

床を強く踏んで，キックして，ニッコリ笑いましょう！

**ねらい
とききめ** 　〔足裏刺激〕　〔脚力アップ〕

楽しみかた

① 　片足を上げて，ドンと床を踏みつけるように足を下ろします。

② 　反対の足を，前に伸ばしてキックします。

③ 　両手をパーにしてニッコリと笑います。足を替えて同様にします。（左右交互に2回ずつ）

足を替えて同様に

左右交互に
2回ずつ

みちお先生のケアポイント

・しっかりと両手で椅子を押さえることで，椅子からの転倒予防になります。

笑いのテクニック

・①②はいい顔をして，③でいきなり笑顔に。ギャップがあればあるほど楽しいです！

コラム①

「できな～い」と言って笑えるムードに

「指先を伸ばす体操です。クスリ指を伸ばしてください」

ボクがそう言うと，ある男性シニアが，こう言いました。

「できな～い……」
そう言って，笑ってました。

　ボクは体操をするとき，「できないことを笑える」ムードづくりをします。
　そうすることで，できるできないに関係なく気軽に体操ができます。

　とくにシニア世代の方々は，「ほかの人と比べて自分ができないことをいけない」と思いがちです。「間違えてはいけない」「間違えることは恥ずかしい」という思いは，体操をするときにはデメリットになります。

　なので，
「できるできないは関係ない」
「できるできないに関係なく楽しんですればいい」
というふうに伝えておくと，積極的に体を動かすようになります。

　このように，シニアの体操には，メンタルに対するケアも大切です。

㉑ あいこでパン！

あいこが出たら，素早く拍手をしましょう！

| ねらい
と ききめ | 反射神経アップ | 手先の器用さ維持 |

楽しみかた

① シニアと支援者でジャンケンをします。
② あいこが出たら，素早く手をたたきます。
③ どちらが先に手をたたけるか，競い合いましょう！

あいこが
出たら

みちお先生のケアポイント

・はじめは，ゆっくりと繰り返してやり方を覚えましょう！

笑いのテクニック
・支援者が，あいこではないのに手をたたくと，間違いが笑いになります！

㉒ あっち向いてニッコリ

背筋を伸ばして，顔を横に向けて，ニッコリ笑いましょう！

| ねらい
とききめ | 首のストレッチ |

楽しみかた

① 両手を腰に置いて，背筋を伸ばします。

② ゆっくりと上体をひねって，横を向いて，ニッコリ笑いましょう！

③ 元に戻して，反対側も同様にします。（左右交互に４回ずつ）

左右交互に
４回ずつ

みちお先生のケアポイント

・なるべく背筋が丸まらないようにしましょう！

笑いのテクニック

・支援者はシニアの隣で，顔を合わせるようにします。互いに目が合うと，思わず笑ってしまいます！

㉓ まりつき体操

まりつきの達人になったつもりでまりつきのマネをしましょう！

ねらい
とききめ (手首の柔軟性維持) (リズム体感)

楽しみかた

① いかにも本物のまりがあるつもりで，片手でまりをつくマネをします。
② 指をひらいて，手首を柔らかく動かします。
③ 左右交互に８回ずつします。

左右交互に
８回ずつ

みちお先生のケアポイント

・肩と腕の力を抜いて，リラックスしてしましょう！

笑いのテクニック
・背中（後ろ）を通したり，片足を上げて足の間を通したりしてみましょう！

㉔ あべこべ拍手

手をたたいたらたたかない，たたかないときはたたく，シニアと支援者の動作が反対になるようにしましょう！

ねらい
とききめ

〔集中力アップ〕〔手先の器用さ維持〕

楽しみかた

① 支援者が手をたたいたら，シニアは両手をひろげます。

② 支援者が両手をひろげたら，シニアは手をたたきます。

③ この動作を何度か繰り返します。間違えずにできたら大成功です！

たたいたら　　　ひろげる

みちお先生のケアポイント

・両腕をしっかり横に伸ばすと，運動効果がよりアップします。

笑いのテクニック

・何回か練習を繰り返して，ふたりのタイミングが合うようになると，満足感がアップします！

㉕ いかにもキャッチボール

本当にボールがあるつもりでキャッチボールのマネをしましょう！

**ねらい
とききめ** （イメージ力アップ）

楽しみかた

① 支援者は，いかにもビーチボールをパスするようなマネをします。

② 同様に，シニアはビーチボールをキャッチするマネをします。

③ 本当にビーチボールがあるようなつもりで，キャッチボールを楽しみましょう！

みちお先生のケアポイント

・支援者の演技力がシニアをやる気にさせます！

笑いのテクニック

・慣れてきたら，スイカ，たまご，大根など，ありえないものでキャッチボールをしてみましょう！

㉖ おちゃらかジャンケン

ジャンケンをして勝った人はバンザイ，負けた人はおじぎしましょう！

ねらい
とききめ　(リズム体感)　(手先の器用さ維持)

楽しみかた

① 　支援者とシニアは拍手を6回したあとにジャンケンをします。

② 　同様に拍手を6回したあとに，勝った人はばんざいを，負けた人はおじぎをします。

③ 　ふたりのタイミングがバッチリ合えば，大成功です！

みちお先生のケアポイント

・むずかしいときは，拍手をカットして，ジャンケンして勝ち負けに応じた動作をしてもオッケーです！

笑いのテクニック
・相手につられて同じ動きをしてしまうと笑っちゃいます！

㉗ おもいっきり腕伸ばし

指を全開にして，両腕を前後に伸ばしましょう！

| ねらい
とききめ | 肩の可動域維持 | 指のストレッチ |

楽しみかた

① できるかぎり全部の指をいっぱいにひらきます。

② 右腕を前に伸ばして，左腕を後ろに伸ばします。

③ 左腕を前に伸ばして，右腕を後ろに伸ばします。一休みして，4回繰り返します。

4回繰り返す

みちお先生のケアポイント

・ひじが曲がらないように注意しましょう！

笑いのテクニック

・暗〜い顔をする，下を見る，ひじを曲げるなど，わざと悪いお手本を見せると笑いになります。

㉘ ペッパーミル体操

両手を重ねて胡椒を挽く動作をしましょう！

ねらい
とききめ
　(手首の柔軟性維持)　(手先の器用さ維持)

楽しみかた

① 両手をグーにして，重ねます。

② 手首を動かして，胡椒を挽く動作をしましょう！

③ 手の上下を替えて，同様にします。（8回ずつ）

手の上下を
替えて同様に

みちお先生のケアポイント

・胸の前でするとかんたんですが，頭の上ですると運動効果がアップします。

笑いのテクニック

・胡椒を挽く動作の後に，思わずくしゃみをするマネをすると，おもしろいです！

㉙ ストップ＆ゴー

支援者の合図で，走る動作と止まる動作をしましょう！

ねらい　と　ききめ　　（ 集中力アップ ）（ 腕振り動作 ）

楽しみかた

① 支援者はシニアと向かい合わせになります。

② 支援者が腕をぐるぐる回したら，駆け足のマネをします。

③ 支援者が両手を横に広げたら，そのままのかっこうで止まります。じょうずに出来たら大成功です！

ピタッ

みちお先生のケアポイント

・走るマネは，腕を前後に振るだけでもオッケーです！

笑いのテクニック

・支援者は，きをつけしたり，やすめをしたり，ときどき予定外の動作も入れてみましょう！

㉚ 両手にバケツ

両手にバケツを持って上げたり下げたりするマネをしましょう！

ねらい
とききめ 　(姿勢保持)(腕のストレッチ)

楽しみかた

① 足を閉じて，背筋をまっすぐに伸ばします。

② 両腕を下に伸ばして，両手でバケツをひとつずつ持つマネをします。

③ バケツを床から持ち上げたり，下げたりしましょう。（４回繰り返し）

４回繰り返す

みちお先生のケアポイント

・ゆっくりと静かに動作しましょう！

笑いのテクニック

・いかにもバケツに水が満タンに入ってるような顔つきで，どうぞ！

㉛ ぴったんこ肩たたき

支援者とシニアいっしょにタイミングを合わせて肩たたきをしましょう！

**ねらい
とききめ**　◯ 肩こり予防 ◯ リズム体感

楽しみかた

① （右手で）左肩を8回，（左手で）右肩を8回たたきます。
② 同様に，4回ずつ，2回ずつ，1回ずつたたいて，最後はガッツポーズをします。
③ これをシニアと支援者が同時に行い，ふたりのタイミングがぴったり合えば，大成功です！

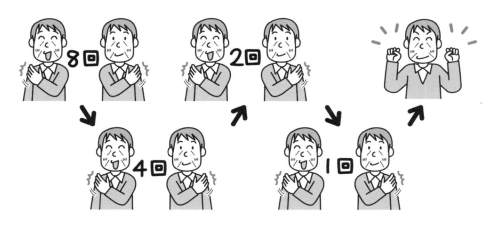

みちお先生のケアポイント

・声を出して数えてするとかんたんです。

笑いのテクニック
・声を出さないでするとむずかしくなります。タイミングが合わないのも楽しいです！

㉜ あと出しジャンケン

ジャンケンをして，素早くあと出ししましょう！

ねらいとききめ　反応力アップ

楽しみかた

① シニアと支援者でジャンケンします。
② グーは胸の前で両手を握る，チョキは両腕を前に伸ばして合掌，パーはバンザイします。
③ シニアは，支援者が出したものを見て，（そのあとで）勝つものを出します。間違えずに出来たら大成功です！

みちお先生のケアポイント

・はじめは，支援者のマネをしながら，３つの動作をゆっくりと覚えましょう！

笑いのテクニック

・支援者は，いきなり腕組みしたり，モリモリポーズをしたり，想定外の動作をしちゃいましょう！

㉝ ヘリコプター

両腕を横に伸ばして，上体を左右交互に捻りましょう！

ねらい
とききめ　腕と体側のストレッチ

楽しみかた

① 両腕を横に伸ばして，手のひらを下にします。
② 背筋を伸ばして，ゆっくりと上体をひねります。
③ 元に戻して，反対にひねります。（左右交互に２回ずつ）

みちお先生のケアポイント

・②のときに，なるべく背筋が丸まらないようにしましょう！

笑いのテクニック

・最後に，両手の人差し指をほっぺにつけて，ニッコリ笑いましょう！

㉞ ボディジャンケン

ジャンケンをして負けた人はちょっと変わった足ぶみをしましょう！

ねらい
とききめ　〔 腕のストレッチ 〕〔 記憶力維持 〕

楽しみかた

① 　支援者とシニアでジャンケンをします。

② 　グーは胸の前で両手を握る，チョキは両腕を前に伸ばして合掌，パーはバンザイします。

③ 　負けた人は，そのままのポーズで足ぶみを８歩します。（パーで負けたらバンザイしたまま足ぶみ）

グー　　　チョキ　　　パー

みちお先生のケアポイント

・むずかしいときは，ふつうにジャンケンをして，負けた人が足ぶみするだけでもオッケーです！

笑いのテクニック
・そのままでもおもしろいですが，支援者は足ぶみの途中でズッコケるマネをするとおもしろさ倍増です！

43

㉟ ものまね名人

支援者がタッチする動作をシニアは同じようにマネをしましょう！

▌ねらい
　ときめ　　（ 柔軟性向上 ）

楽しみかた

① 　支援者はシニアと向かい合わせになります。
② 　支援者は，頭，肩，背中，腰，ひざ，ふくらはぎ，足首，つまさきを両手でランダムにさわります。
③ 　シニアは支援者をよ〜く見て，同じようにマネしてみましょう！

みちお先生のケアポイント

・支援者はシニアの体力レベルに合わせて，タッチする場所をかんたんにしたりむずかしくしたりしましょう！

笑いのテクニック
・モリモリポーズ，ガッツポーズ，ズッコケポーズなど，ときどき想定外のポーズを入れてみましょう！

㊱ ビックリにらめっこ

支援者とシニアいっしょに驚きの表情と動作を楽しみましょう！

▌ねらい
とききめ　　　(バランス力アップ)

楽しみかた

① 　支援者とシニアは向かい合わせで拍手を7回します。

② 　（8回目のところで）びっくりした顔をして，片足を前に伸ばして，両手をパーにします。

③ 　笑ってしまったら負けです。

みちお先生のケアポイント

・片足を上げたときに，バランスを崩さないように注意しましょう！

笑いのテクニック

・大げさすぎるぐらい大げさに，どうぞ！

㊲ ぞうきんストレッチ

ぞうきんをしぼって，窓ふきする動作をしましょう！

▌ねらい
　ときき゚め　(握力アップ)　(指先のストレッチ)

楽しみかた

① 　ぞうきんをギュッと固くしぼるマネをします。

② 　片腕を前に伸ばして，ぞうきんで窓を拭くマネをしましょう！

③ 　①と，左右交互に②の動作を８回ずつします。

左右交互に８回ずつ

みちお先生のケアポイント

・全部の指をいっぱいにひらいてすると，運動効果がアップします！

笑いのテクニック
・ついでに，腕や足をごしごしするマネもしちゃいましょう！

㊳ 上を向いてひらこう

上を向いて両腕を上に伸ばして全部の指をいっぱいにひらきましょう！

■ ねらい
とききめ　(握力維持)(首のストレッチ)

楽しみかた

① 下を向いて，両腕を下に伸ばして両手をグーにします。

② 上を向いて，両腕を上に伸ばして両手をパーにします。

③ この動作を4回繰り返します。

４回繰り返す

みちお先生のケアポイント

・急がないように。ゆっくりとていねいに動作しましょう！

笑いのテクニック
・グーはマジメな顔で，パーはニッコリ笑顔でしましょう！

㊴ ステーキ体操

フォークとナイフを使って，美味しそうにステーキを食べる動作をしましょう！

ねらい とききめ　〔手先の器用さ維持〕〔口腔機能維持〕

楽しみかた

① 片手にフォーク，反対の手にナイフを持つマネをします。

② フォークとナイフで厚切りステーキを切るマネをします。

③ 美味しそうに食べたら最高です！　手を替えて同様にします。

手を替えて同様に

みちお先生のケアポイント

・支援者の演技がシニアのやる気を引き出します。

笑いのテクニック

・美味しそうに食べたあと，目を閉じて……，居眠りすると笑えます！

㊵ カウボーイ

頭の上でロープをグルグル回す動作をしましょう！

**ねらい
とききめ**　　(手首と肩の柔軟性維持)

楽しみかた

① 頭の上でなわを回すマネをします。
② 回したなわを投げる動作をします。
③ 手を替えて同様にします。（左右交互に８回ずつ）

左右交互に
８回ずつ

みちお先生のケアポイント

・体力レベルに合わせて，手を上げる高さを変えてしましょう！

笑いのテクニック
・最後になわを投げたら，自分の中で一番いい顔をしましょう！

コラム②

ペットボトルを利用して体操する

介護現場で，またはおうちで運動をする。
そのために高価な運動器具を購入する？
いいえ，そんな必要は一切ありません。
どこにでもあるようなモノでも，体を動かすことができます。

たとえば，ペットボトル。

空のペットボトル（500ml サイズ）を足元に置きます。
足だけを使って，ペットボトルを倒したり，起こしたりします。
もしかしたら悪戦苦闘するかもしれません。
でも，いつのまにか，夢中になってしまいます。
そうです。遊び感覚で体を動かすことができるのです。

ほかにも，手のひらに乗せたり，投げてキャッチしたり……。
工夫次第で，いろいろなやりかたがあります。

水を入れたりする必要もありません。
ペットボトルは，大変便利な運動器具です。

　次の章からは，ペットボトルを利用して体を動かす「ペットボトル体操」をご紹介します。

① 起こして立てて

両足を使って，倒れているペットボトルを起こしましょう！

ねらい
とききめ

（足指の器用さ維持）（脚力アップ）

楽しみかた

① 空のペットボトル（500ml）を足元に（横に寝かせて）置きます。

② 両足を使ってペットボトルを起こしてみましょう！

③ ペットボトルが立てば大成功です！

みちお先生のワンポイント

・むずかしいときは，大きなサイズ（1.5ℓ）のペットボトルにするとかんたんです！

笑いのテクニック
・大成功したら，拍手喝采してください！

2 すぐにキャッチ

支援者が落としたペットボトルをシニアはすぐにキャッチしましょう！

ねらい
ときめき

〔 反射神経アップ 〕 〔 手先の器用さ維持 〕

楽しみかた

① シニアは片手を胸の前で構えます。

② 支援者はシニアの頭の高さからペットボトルを落とします。

③ 落ちてきたペットボトルをキャッチ出来たら大成功です！

みちお先生のワンポイント

・むずかしいときは，両手でキャッチしてもオッケーです！

笑いのテクニック

・支援者は（落とすと見せかけて落とさない）フェイントを混ぜるとおもしろさが倍増します！

3 コロコロマッサージ①

ひざの上でペットボトルをコロコロ転がましょう！

ねらい
とききめ　（血行促進）（リラックス）

楽しみかた

① 両足を閉じてひざの上にペットボトルを置きます。

② 両手を使って，ひざの上でペットボトルをコロコロと転がします。

③ 気持ちの良い力加減でしましょう！

みちお先生のワンポイント

・足をひらいて，片足ずつしてもオッケーです！

笑いのテクニック
・「超気持ちイイ〜」と伝わるような表情でしましょう！

4 コロコロマッサージ②

足裏でペットボトルを転がしましょう！

▌ねらい
とききめ （足裏感覚維持） （血行促進）

楽しみかた

① ペットボトルを足元に置きます。

② ペットボトルの上に片足を乗せて，足裏で転がします。

③ 反対の足も同様にします。

反対の 足も
同様に

みちお先生のワンポイント

・むずかしいときは，ペットボトルの上に足裏を乗せるだけでもオッケーです！

笑いのテクニック

・支援者とシニアで，お互いに相手の背中をコロコロするのも楽しいです！

5 ブラインドキャッチ

目を閉じてペットボトルをキャッチしましょう！

ねらい
とききめ 〔 集中力アップ 〕

楽しみかた

① 空のペットボトル（500ml）を片手で持ちます。

② ペットボトルを上に投げて，目を閉じます。

③ 両手でキャッチできたら大成功です！

みちお先生のワンポイント

・はじめから目を閉じるのではなく，投げた後で目を閉じましょう！

笑いのテクニック

・失敗しても，笑って，楽しんでどうぞ！

55

6 頭に乗せよう

ペットボトルを立てて頭の上に乗せてみましょう！

■ ねらい
と ききめ　　（ バランス感覚維持 ）

楽しみかた

① 足を肩幅にひらいて，背筋を伸ばします。
② ペットボトルを頭の上に乗せます。
③ 手をはなして，ペットボトルが倒れないようにバランスを保ちましょう！

みちお先生のワンポイント

・何秒間静止できるか，タイムをはかると楽しいです！

笑いのテクニック
・支援者はシニアがちょっとでも出来たら，ほめて，盛り上げましょう！

7 回転キャッチ

ペットボトルを180度回転させてキャッチしましょう！

| ねらい
とききめ | 手先の器用さ維持 | 集中力アップ |

楽しみかた

① 片手に空のペットボトル（500ml）を持ちます。

② 180度回転するようにペットボトルを上に投げて，キャッチします。

③ うまくできたら大成功です！

みちお先生のワンポイント

・はじめは，（回転させずに）上に投げてキャッチする練習をしましょう！

笑いのテクニック
・「スゴい！」「ステキ！」大成功したら，誉め言葉をお願いします！

8 肩たたき

ペットボトルで肩をトントンたたきましょう！

❘ ねらい
とききめ 　 血行促進 　 リラックス

楽しみかた

① 空のペットボトル（500ml）を逆さまにして持ちます。
② 気持ちの良い力加減でトントンと肩をたたきましょう！
③ 一休みして，反対の方もたたきます。

反対の方も
同様に

みちお先生のワンポイント

・ほかの場所（背中やふくらはぎなど）をたたいても気持ちいいです！

笑いのテクニック
・支援者がシニアの肩をたたいたり，交代したりすると楽しくできます！

9 乗せて立てて

手のひらの上にペットボトルを逆さまにして立ててみましょう！

ねらい
とききめ (手先の器用さ維持)(集中力アップ)

楽しみかた

① 片手を前に出して，手のひらを上にします。

② 手のひらの上に，ペットボトル（500ml）を逆さにして立てます。

③ 手先に意識を集中してバランスをキープしましょう！

みちお先生のワンポイント

・むずかしいときは，底を下にしてもオッケーです！

笑いのテクニック

・支援者がペットボトルを落として，わざと失敗するのも笑いになります！

10 背中落とし

ペットボトルを後ろ（背中）に落として反対の手でキャッチしましょう！

ねらい と ききめ 肩の柔軟性向上 手先の器用さ維持

楽しみかた

① ペットボトルを片手に持ちます。

② 頭の後ろからペットボトルを下に落とします。

③ 反対の手でキャッチできたら大成功です！

みちお先生のワンポイント

・ふたの部分を持って，底が下になるようにていねいに落としましょう！

笑いのテクニック

・支援者がわざと失敗して，ペットボトルが床に落ちると笑いになります！

おわりに

「大きなスナック」のように体操する

スナックと言えば……。

カラオケ。
手拍子。
みんなで盛り上がる。
知らない人と仲良くなれる。
好きなときに来て，好きなときに帰る。

そんな印象があります。

「大きなスナック」のように体操する。
それがボクの理想です。

「手拍子しながら，みんなで盛り上がる」

そんな体操ができたら最高です。

とくに大事なのは，「好きなときに来て，好きなときに帰る」こと。

介護現場では，無理矢理に体操に参加させられるようなこともあります。

また，体操の途中で退席しづらい雰囲気があります。

いくら健康のためとはいえ，これでは，かえって心身に悪そうな気がしてしまいます。

ボクの体操は，出入り自由です。

いつ来ても，いつ帰ってもオッケー！

参加者から見えないように，出入り口が死角になるようにしています。
こうすることで，誰にも気づかれずに出入りできます。
人の出入りが見えてしまうと，集中するのを妨げる原因にもなります。

なので，途中参加，途中退席がしやすいのです。
たまに，終了５分前に来る人もいます。
（その人は「もう終わりなの？」と驚いていましたが）

　誰もが気軽に来て，気軽に帰れて，その場にいる人たちと楽しいひととき
を過ごす。

　そんな，スナックにいるような体操が大好きです！

　令和５年５月
　　　　楽しい体操インストラクター　みちお先生（斎藤道雄）

著者紹介

●斎藤道雄

体操講師，ムーヴメントクリエイター，体操アーティスト。

クオリティ・オブ・ライフ・ラボラトリー主宰。

自立から要介護シニアまでを対象とした体操支援のプロ・インストラクター。

体力，気力が低下しがちな要介護シニアにこそ，集団運動のプロ・インストラクターが必要と考え，運動の専門家を数多くの施設へ派遣。

「お年寄りのふだん見られない笑顔が見られて感動した」など，シニアご本人だけでなく，現場スタッフからも高い評価を得ている。

[お請けしている仕事]
○体操教師派遣（介護施設，幼稚園ほか）　○講演　○研修会　○人材育成　○執筆

[体操支援・おもな依頼先]
○養護老人ホーム長安寮
○有料老人ホーム敬老園（八千代台，東船橋，浜野）
○淑徳共生苑（特別養護老人ホーム，デイサービス）ほか

[講演・人材育成・おもな依頼先]
○世田谷区社会福祉事業団
○セントケア・ホールディングス（株）
○（株）オンアンドオン（リハビリ・デイたんぽぽ）ほか

[おもな著書]
○『思いっきり笑える！　シニアの笑顔ストレッチ＆体ほぐし体操40　付・新聞紙体操10』
○『思いっきり笑える！　要介護シニアも集中して楽しめる運動不足解消体操40　付・お手玉体操10』
○『思いっきり笑える！　シニアの介護予防体操40　付・支援者がすぐに使える笑いのテクニック10』
○『しゃべらなくても楽しい！　椅子に座ってできるシニアの1，2分間筋トレ体操55』
○『しゃべらなくても楽しい！　シニアの筋力低下予防体操40＋体操が楽しくなる！　魔法のテクニック10』
○『しゃべらなくても楽しい！　シニアの笑顔で健康体操40＋体操支援10のテクニック』
○『しゃべらなくても楽しい！　シニアの立っても座ってもできる運動不足解消健康体操50』
○『しゃべらなくても楽しい！　シニアの若返り健康体操50』
○『しゃべらなくても楽しい！　シニアの元気を引き出す健康体操50』

（以上，黎明書房）

[お問い合わせ]
ホームページ「要介護高齢者のための体操講師派遣」：http://qollab.online/
メール：qollab.saitoh@gmail.com
＊イラスト・さややん。

思いっきり笑える！　シニアの足腰を強くする転ばない体操40
付・ペットボトル体操10

2023 年 9 月 20 日　初版発行

著　者	斎　藤　道　雄
発 行 者	武　馬　久 仁 裕
印　刷	藤 原 印 刷 株 式 会 社
製　本	協 栄 製 本 工 業 株 式 会 社

発 行 所　　　　　　　　株式会社　黎 明 書 房

〒460-0002　名古屋市中区丸の内 3-6-27　EBS ビル　☎ 052-962-3045
FAX 052-951-9065　振替・00880-1-59001
〒101-0047　東京連絡所・千代田区内神田 1-12-12　美土代ビル 6 階
☎ 03-3268-3470

思いっきり笑える！　シニアの笑顔ストレッチ＆体ほぐし体操40　付・新聞紙体操10 斎藤道雄著　　　　　B5・63頁　1720円	笑顔ストレッチで脱マスク老け！　「レロレロ体操」「キリンの首伸ばし」などの楽しい体操で，全身をほぐしましょう。新聞紙を使った簡単で盛り上がる体操も紹介。2色刷。
思いっきり笑える！　要介護シニアも集中して楽しめる運動不足解消体操40　付・お手玉体操10 斎藤道雄著　　　　　B5・63頁　1720円	しゃべらなくても楽しい体操で運動不足解消！シニアも支援者（おうちの方）も集中して楽しめる体操がいっぱいです。お手玉を使った体操も紹介。2色刷。
思いっきり笑える！　シニアの介護予防体操40　付・支援者がすぐに使える笑いのテクニック10 斎藤道雄著　　　　　B5・63頁　1720円	日常生活の動作も取り入れた体操40種と，体操をもっと面白くする支援者のための笑いのテクニックを10収録。立っていても座っていても出来て，道具も必要ないので安心。2色刷。
しゃべらなくても楽しい！　椅子に座ってできるシニアの1，2分間筋トレ体操55 斎藤道雄著　　　　　B5・68頁　1720円	椅子に掛けたまま声を出さずに誰もが楽しめる筋トレ体操を55種収録。生活に不可欠な力をつける体操が満載です。2色刷。『椅子に座ってできるシニアの1，2分間筋トレ体操55』を改訂。
しゃべらなくても楽しい！　シニアの筋力低下予防体操40＋体操が楽しくなる！　魔法のテクニック10 斎藤道雄著　　　　　B5・63頁　1700円	「ドアノブ回し」などの日常生活の動作も取り入れた，しゃべらずに座ったままできる楽しい体操40種と，体操をもっと効果的にする10のテクニックを紹介。シニアお一人でもできます。2色刷。
しゃべらなくても楽しい！　シニアの笑顔で健康体操40＋体操支援10のテクニック 斎藤道雄著　　　　　B5・63頁　1700円	「おさるさんだよ〜」をはじめ，思わず笑ってしまうほど楽しくて誰でも続けられる体操40種と，支援者のための10のテクニックを紹介。シニアお一人でもお使いいただけます。2色刷。
しゃべらなくても楽しい！　シニアの立っても座ってもできる運動不足解消健康体操50 斎藤道雄著　　　　　B5・63頁　1700円	立っても座ってもできるバラエティー豊かな体操で，楽しく運動不足解消！　「かんぱーい！」「ふたりのキズナ」など，効果的な体操がいっぱい。シニアお一人でもお使いいただけます。2色刷。
しゃべらなくても楽しい！　認知症の人も一緒にできるリズム遊び・超かんたん体操・脳トレ遊び 斎藤道雄著　　　　　B5・64頁　1700円	①しゃべらない，②さわらない，③少人数を守って楽しく体や頭を動かせるレクが満載。『認知症の人も一緒に楽しめる！　リズム遊び・超かんたん体操・脳トレ遊び』をコロナ対応に改訂。2色刷。
しゃべらなくても楽しい！ シニアの若返り健康体操50 斎藤道雄著　　　　　B5・63頁　1700円	シニアの若さの秘訣は元気と笑顔！　「ホップ・ステップ・ジャンプ」などの楽しい体操で，しゃべらずに座ったまま効果的に運動できます。シニアお一人でもお使いいただけます。2色刷。

表示価格は本体価格です。別途消費税がかかります。

■ホームページでは，新刊案内など，小社刊行物の詳細な情報を提供しております。「総合目録」もダウンロードできます。
http://www.reimei-shobo.com/